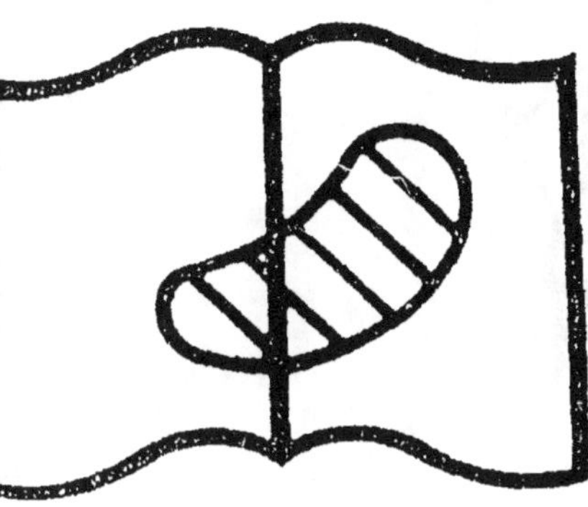

Valable pour tout ou partie
du document reproduit

Original en couleur

NF Z 43-120-B

DES

RÉGENTS TRAVAUX SUR MASSILLON

DES
RÉCENTS TRAVAUX SUR MASSILLON

PAR

Philippe TAMIZEY DE LARROQUE

(Extrait de la *Revue des questions historiques.*)

PARIS

BUREAUX DE LA REVUE

LIBRAIRIE DE VICTOR PALMÉ, ÉDITEUR

Rue de Grenelle-Saint-Germain, 25

1872

DES RÉCENTS TRAVAUX

SUR

MASSILLON

I. *Œuvres complètes de Massillon, évêque de Clermont*, édition collationnée sur les manuscrits et sur les meilleurs textes, avec notes, variantes, notices, augmentée de pièces rares ou inédites, et suivie de nouvelles recherches biographiques, par l'abbé E.-A. BLAMPIGNON, docteur en théologie et docteur ès lettres. Bar-le-Duc, L. Guérin, 4 vol. in-4°, 1865-69 [1].

II. *Œuvres choisies de Massillon*, nouvelle édition accompagnée de notes et précédée d'une étude sur Massillon, par M. GODEFROY. Paris, Garnier, 2 vol. in-8°, 1868.

III. *Massillon, Étude historique et littéraire*, par l'abbé A. BAYLE, docteur de la Faculté de théologie de Paris, aumônier du lycée de Marseille. Paris, Amb. Bray, 1 vol. in-8°, 1867.

IV. *Massillon*, par Madame DE MARCEY. Série d'articles dans le *Contemporain, Revue d'économie chrétienne*, du 28 février 1867 au 31 juillet 1869 [2].

M. l'abbé Blampignon, dans l'*Avertissement* mis en tête de la *Correspondance inédite de Massillon*, s'exprime ainsi (p. ii) :

« Depuis que nous avons publié les premiers volumes de notre édition de *Massillon*, nous avons eu la joie de voir paraître deux excellentes études sur ce grand prédicateur. L'une est l'œuvre d'une femme distinguée par son esprit et par sa science, Mme de Marcey, et son travail est plein d'aperçus charmants et ingénieux, de réflexions fines et délicates, d'heureux rapprochements. L'autre a été écrite par la plume ferme et nette de notre honoré confrère, M. l'abbé Bayle,

---

[1] L'impression des trois premiers volumes, commencée le 26 mai 1864, a été terminée le 9 octobre 1867. Le quatrième, qui renferme la *Correspondance inédite de Massillon* (1369), n'est, à proprement parler, qu'un demi-volume (de xx-208 pages), qui sera complété par les *Nouvelles recherches biographiques* de l'éditeur. « En attendant, dit-il, que nous puissions publier notre histoire complète de Massillon, nous donnons la plus grande partie de ce que nous avons réuni d'inédit ou de rare sur cet illustre orateur. »

[2] Quoique cette série de vingt-deux articles n'embrasse guère moins de six cents pages environ, nous ne possédons là que la première partie de l'ouvrage, *Massillon avant l'épiscopat*. Il convient d'ajouter que cet ouvrage n'est pas seulement l'histoire de Massillon, mais encore celle de son temps.

aumônier du Lycée de Marseille. On y trouve une théologie solide, des analyses faites de main de maître, et une admirable érudition littéraire. On reconnaît dans ce nouvel ouvrage l'habile auteur des études sur Prudence, sur saint Vincent Ferrier et sur saint Philippe de Néri. »

De son côté M. l'abbé Bayle avait dit (*Préface,* p. VI et VII) :

« Jusqu'à ce jour Massillon, le dernier des grands orateurs du grand siècle, avait été laissé dans l'ombre. Mais son heure est enfin venue. M. l'abbé Blampignon doit publier des lettres inédites de Massillon, précédées de nouvelles recherches sur sa vie, et il nous donne en ce moment une excellente édition de ses œuvres, accompagnée de préfaces, de remarques, de notes dignes du philosophe érudit à qui nous devons déjà de si beaux travaux sur Malebranche. Mme de Marcey, à qui son talent élevé permet de traiter avec succès les sujets les plus sérieux, en y ajoutant l'attrait d'un style chaleureux et coloré, publiera prochainement [1] d'intéressantes études sur la carrière oratoire et sur l'épiscopat de Massillon. »

Enfin, Mme de Marcey, après avoir, dès sa première page, célébré « l'incomparable édition » de M. l'abbé Blampignon, pleine de recherches, de documents, d'intelligentes et laborieuses corrections, » rend, un peu plus loin [2], à l'étude de M. l'abbé Bayle « un hommage reconnaissant, » et loue de nouveau, ensuite, plusieurs fois, « M. l'abbé Blampignon, dont l'érudition, la patience et la pénétration ont déchiré sous nos yeux tant de voiles [3], » « et qui, lorsqu'il s'agit de Massillon, devance tout le monde et ne se laisse dépasser par personne dans la voie des saines et consciencieuses rectifications [4]. »

Il n'y a pas seulement beaucoup de politesse dans tous les compliments échangés entre les trois biographes de Massillon [5] : il y a aussi beaucoup de vérité, je m'empresse de le

---

[1] La *Préface* de M. l'abbé Bayle est datée du 18 janvier 1867. Ce fut le mois suivant que Mme de Marcey fit paraître le premier chapitre de ses études.

[2] Numéro du 30 juin 1867, p. 1095.

[3] Numéro du 31 octobre 1867, p. 714.

[4] Numéro du 31 décembre 1867, p. 1050.

[5] La *Notice* (de 54 pages) de M. Godefroy est plus littéraire que biographique. Ce critique n'a cité ni M. l'abbé Bayle, ni M. l'abbé Blampignon, ni Mme de Marcey, et n'a été cité par aucun d'eux. Son édition des *Œuvres*

reconnaître, et si, dans l'examen de leurs travaux, il m'arrive d'avoir quelques reproches à leur adresser, ces reproches ne seront rien comparés aux éloges que je leur dois, et qu'une fois pour toutes, je leur donne ici de grand cœur.

Jean-Baptiste Massillon naquit le 24 juin 1663, « sur les frontières les plus méridionales de la Provence, au pied de la colline parfumée et fleurie à laquelle est adossée la ville d'Hyères [1]. » Son père, François Massillon, était un bon bourgeois, un parfait notaire, mais pas du tout « un citoyen pauvre, » comme d'Alembert l'a prétendu [2] ; sa mère s'appelait Anne *Brune*, et non Anne *Marin*, ainsi que l'ont redit, d'après le P. Bougerel [3], tous les auteurs de notices sur Massillon, « se copiant les uns les autres, » selon la funeste et inguérissable habitude des biographes de tous les temps et de tous les pays [4]. La maison, simple, modeste, qu'habitaient les parents de Massillon existe encore dans une rue étroite et sombre (la rue Rabatou), et l'on montre même la chambre, à peu près telle qu'elle était au XVIIe siècle, où vint au monde l'auteur du *Petit Carême* [5].

choisies de Massillon se recommande par des notes qui témoignent d'une profonde connaissance de la langue française, telle du reste que l'on peut l'attendre de l'auteur du *Lexique comparé de la langue de Corneille*.

[1] Mme de Marcey, numéro du 28 février, p. 326. — M. l'abbé Bayle décrit avec plus de complaisance (p. 4) « cette petite ville de Provence qui domine un « rivage incomparable, baigné par les flots de la Méditerranée, abrité par de « vertes collines contre le vent du Nord, offrant à l'œil surpris du voyageur, « comme une plage orientale, des palmiers, des orangers, des citronniers qui « étendent librement dans la campagne leurs rameaux parfumés. »

[2] *Éloge de Massillon*, lu devant l'Académie française en 1774 et imprimé en 1779 dans le premier volume de l'*Histoire de l'Académie*. On l'a souvent réimprimé. Voir, à ce sujet, ainsi que pour beaucoup d'autres détails bibliographiques, une note intitulée : *Des notices biographiques et littéraires sur Massillon*, qui sera prochainement insérée par moi au *Polybiblion*.

[3] Dans les *Mémoires pour servir à l'histoire de plusieurs hommes illustres de Provence* (Paris, 1752, 1 vol. in-12).

[4] C'est à Mme de Marcey (*Ibid.*) que revient l'honneur de la rectification de cette erreur plus que séculaire. L'acte authentique et original du baptême de Massillon porte positivement le nom d'Anne *Brune*. Anne *Marin* est le nom de la femme d'un petit-neveu de l'évêque de Clermont. M. l'abbé Bayle appelle (p. 4) — peut-être par une faute d'impression — la mère de Massillon Anne *Morin*. De l'erreur relative au nom de la mère de Massillon, je rapprocherai l'erreur qui avait fait donner à la mère d'un autre illustre orateur provençal, Mascaron, le nom de *Madeleine d'Espère*, alors qu'elle s'appelait *Catherine de Pansier*. — Voir un de mes opuscules intitulé : *Notes pour servir à la biographie de Mascaron, évêque d'Agen, écrites par lui-même et publiées pour la première fois* (1863, in-8°).

[5] Mme de Marcey et M. l'abbé Bayle signalent tous les deux l'inscription

Placé très-jeune au collége de l'Oratoire d'Hyères, Massillon se plaisait à réunir ses condisciples autour de lui, pendant
les récréations, et à leur répéter, du haut d'un banc ou d'une
pierre, les sermons qu'ils avaient entendus ensemble à l'église,
mais sans copier servilement l'orateur, « avec des gestes à lui,
« pleins de grâce et d'originalité, avec un sérieux et une ani
« mation qui captivaient l'attention de son petit auditoire et
« faisaient sourire ses maîtres [1]. »

Du collége d'Hyères, Jean-Baptiste Massillon passa bientôt,
dans le collége de Marseille, où les études étaient beaucoup
plus fortes. Il venait d'y achever sa *troisième*, quand son père,
qui ne mettait rien au-dessus des grandeurs du notariat, le
rappela auprès de lui pour qu'il se préparât, longtemps à
l'avance, à devenir son digne successeur. Le brillant élève des
Oratoriens se sépara de ses maîtres avec les plus vifs regrets.
Sans doute il fut pour son père un consciencieux collaborateur,
mais sa vocation n'était pas là, et toutes les fois qu'un moment
de loisir se présentait à lui, il volait vers ses anciens professeurs du collége d'Hyères, et, doublant par son ardeur le profit
de leurs leçons, il trouvait le secret de tout mener à bien.

Sur ces entrefaites, le visiteur général de l'Oratoire, étant
venu à Hyères, et averti de ce qui se passait, supplia Joseph
Massillon de céder tout entier à l'Eglise un fils qui paraissait
devoir, un jour, en être l'ornement. Le père, renouvelant en
quelque sorte le sacrifice d'Abraham, consentit enfin à laisser
l'aîné de ses enfants entrer dans la congrégation de l'Oratoire
(à Aix, le 10 octobre 1681), et ce fut le cadet, portant le prénom de Joseph, né en 1666, qui hérita de l'*étude*, plus tard
transmise par lui à Jean-Baptiste Massillon, neveu et filleul de
l'évêque de Clermont, et, enfin, par ce neveu et filleul (toujours en ligne directe) à un petit-neveu du prélat, petit-neveu
nommé lui aussi Jean-Baptiste, et qui n'est mort qu'en 1825 [2].

placée dans cette chambre et qui constate l'authenticité des traditions de la
famille. M. l'abbé Bayle se plaint (p. 5) du zèle indiscret de certains touristes
anglais qui, pour emporter un durable souvenir de la chambre natale de Massillon, ont plus d'une fois enlevé quelque morceau de la porte de cette chambre.

[1] Mme de Marcey, p. 329. Voir aussi M. l'abbé Bayle et, du reste, presque
toutes les autres notices biographiques. Mme de Marcey rappelle, d'après les
notices de M. Lorain et du P. Chocarne, que le P. Lacordaire, enfant, aimait
aussi beaucoup à prêcher.

[2] La famille Massillon n'est pas éteinte : elle est aujourd'hui très-honorablement représentée dans les rangs de notre armée.

A Aix, Massillon, alors âgé de dix-huit ans, lut les sermons du P. Lejeune, « oratorien mort depuis près de dix ans avec une haute réputation d'éloquence et de sainteté [1], » et il « sentit à cette lecture s'émouvoir en lui l'orateur [2]. » Il a souvent répété que le P. Lejeune avait été son premier maître, son guide et son inspirateur. Dès que Massillon eut terminé son année de noviciat, il fut envoyé (23 septembre 1682 [3]) dans la maison d'Arles pour y étudier la théologie sous le P. Honoré Quiqueran de Beaujeu, qui fut depuis grand vicaire de l'évêque de Nimes (Fléchier), évêque d'Oloron, et enfin de Castres [4]. Massillon, ses études terminées, alla professer la *cinquième* au collége de Pézénas (19 septembre 1684). Occupa-t-il encore cette humble chaire pendant l'année 1685 ? On ne le sait. Au mois de mars 1686, il est envoyé de Pézénas à Marseille comme professeur suppléant. En octobre 1687, il se rend à Montbrison [5], où il professe la *seconde*, et où, l'année suivante, il monte dans la chaire de *rhétorique*.

Y eut-il, vers 1688 ou 1689, une crise dans la vie de Massillon ? Mme de Marcey a délicatement traité ce point délicat. Laissons-la parler [6] : « On a dit qu'à cette époque plusieurs familles cherchèrent à attirer chez elles le jeune et bril-

---

[1] Mme de Marcey, p. 338.

[2] *Ibid.* Mme de Marcey se souvient, à ce sujet, avec beaucoup d'à-propos, du *Traité de l'homme* de Descartes, révélant tout à coup à Malebranche qu'il y avait au fond de lui-même un métaphysicien.

[3] J'emprunte cette date, ainsi que la plupart des dates suivantes, au tableau si exact et si nouveau tiré par M. l'abbé Blampignon des manuscrits des Archives nationales et des Archives du nouvel Oratoire, et publié par lui à la fin de la *Correspondance inédite* (Appendice B), sous ce titre : *Résidences de Massillon d'après le catalogue de l'Oratoire, les registres originaux des délibérations du conseil de la congrégation, les actes des Assemblées générales et les listes triennales de la Compagnie.*

[4] M. l'abbé Bayle, qui s'étend beaucoup sur Quiqueran de Beaujeu (p. 21-23), a soin de noter que ce professeur « devait plus tard avoir pour rival son élève, et prononcer en même temps que lui l'oraison funèbre de Louis XIV. »

[5] M. l'abbé Bayle (p. 23 et 24) assure bien à tort que Massillon professa la théologie au collége de Montbrison. Mme de Marcey raconte (p. 341) que l'enseignement de Massillon à Pézénas et à Montbrison fut si remarqué — (comme M. l'abbé Bayle, elle a ignoré le passage à Marseille) — que les supérieurs du professeur de vingt-cinq ans le mirent bientôt en possession d'une chaire de rhétorique « à l'académie royale de Juilly. » Mme de Marcey ne nous dit point où elle a puisé la connaissance de ce fait. C'est d'autant plus fâcheux que tous les autres biographes sont muets à cet égard, et que, chose plus grave encore, le tableau des *Résidences de Massillon* n'indique pas le séjour à Juilly.

[6] Page 343.

lant professeur, que le monde lui fit de dangereuses avances, et qu'un instant il fut ébranlé ou séduit. Fut-il, en effet, sérieusement tenté au moment d'aliéner sa liberté et d'offrir sur les dalles du sanctuaire sa jeunesse en holocauste? Hésita-t-il véritablement entre les joies du monde et les labeurs austères du sacerdoce? Se laissa-t-il quelques instants détourner de sa vocation pour jeter sur une vie plus facile un regard de faiblesse et d'envie? Fit-il enfin un pas hors du temple... ou même un faux pas?... Nous ne saurions le dire d'une manière positive : quelques biographes l'ont avancé, mais les preuves manquent. » M. l'abbé Bayle, qui n'a fait qu'effleurer ce brûlant terrain [1], objecte lui aussi que les vagues inculpations dont M. Sainte-Beuve a été l'écho [2], ne sont justifiées « par aucun document vraiment historique. » Je regrette qu'un critique aussi judicieux que M. Godefroy ait pu, en l'absence de toute preuve, parler, comme de circonstances avérées, des « fautes de jeunesse qui firent, à deux reprises, éloigner Massillon de l'Oratoire [3]. »

Quoi qu'il en soit, Massillon paraît être allé de Montbrison à Vienne (en Dauphiné), sans passer pas plus par Juilly que par « une autre maison du diocèse de Meaux, » où ses supérieurs « inquiets, » l'auraient envoyé « se retremper dans la retraite et le silence [4]. » Ce fut le 13 novembre 1689 que Massillon fut nommé professeur de théologie dans ce séminaire de Vienne auquel il devait rester attaché, en la même qualité, pendant

[1] Page 47.

[2] *Causeries du Lundi*, t. IX, p. 2. M. Sainte-Beuve cite surtout Audin, un biographe du xix° siècle. Si l'on objecte que ce biographe prétend tenir ses renseignements d'une personne sûre, je répondrai que, à une distance de plus de cent ans, les traditions orales deviennent singulièrement incertaines. M. Sainte-Beuve nous renvoie encore, au sujet des écarts de conduite de Massillon, à des notes manuscrites de la bibliothèque de Troyes (anecdotes recueillies près de M. d'Etemare à Rhynwick en Hollande), mais il fait remarquer lui-même que c'est là « une source toute janséniste, » par conséquent toute suspecte. L'auteur de *Port-Royal* invoque enfin le témoignage hostile de Chaudon (lettre au bibliographe Barbier, qui a paru dans le *Bulletin du Bibliophile* de l'année 1839, p. 617). Cette lettre, tardive répétition des bavardages et commérages jansénistes, ne doit avoir pour personne la moindre autorité.

[3] *Notice*, p. 7, note 2. M. Godefroy allègue seulement « une notice écrite, en 1821, sur les mémoires d'un petit-neveu de l'évêque de Clermont. » C'est la notice d'Audin.

[4] Mme de Marcey, p. 343. Ici encore Mme de Marcey est seule, et ici encore elle oublie de nous apprendre sur quelle autorité elle s'appuie.

plusieurs années [1], et où il reçut, dès son arrivée, l'ordre du sous-diaconat, en 1691 l'ordre du diaconat, enfin, en 1692 l'ordre de la prêtrise.

Mme de Marcey suppose [2] que, vers 1691, Massillon fut envoyé, *par intérim*, à Pézénas, où, comme on l'a vu, il avait été déjà professeur de grammaire, et que ce serait alors qu'on l'aurait chargé d'aller, à titre d'essai, prêcher la dominicale dans un bourg voisin, à Lézignan [3], où la simplicité de sa parole aurait scandalisé un auditoire amoureux du luxe des citations et de l'éclat des fleurs de rhétorique. Mme de Marcey se trompe : Massillon n'eut pas à subir l'affront du dédain des villageois de Lézignan, car il ne quitta pas le séminaire de Vienne pour se rendre à Pézénas [4]. Il ne quitta pas davantage cet établissement pour se rendre à Paris, où un écrivain mieux informé d'ordinaire, M. Léo Joubert, nous le montre soutenant, en 1691, contre Boileau, que la lecture des pièces de théâtre ne saurait être permise [5]. Les deux anecdotes sont également fausses, et j'espère qu'elles seront bannies désormais de tout ouvrage sérieux.

Henri de Villars, archevêque de Vienne, étant mort le 27 décembre 1693 [6], Massillon prononça son oraison funèbre. Le succès de ce discours valut à l'élégant orateur, peu de temps après, l'honneur d'être désigné pour prononcer l'oraison

---

[1] Jusqu'en septembre 1695 (*Résidences de Massillon*).

[2] Page 344.

[3] Lézignan-la-Cèbe, commune de l'arrondissement de Béziers, qui est desservie par le bureau de poste de Pézénas.

[4] Sans insister sur l'invraisemblance de l'envoi du professeur de théologie du séminaire de Vienne au collége de Pézénas, je rappellerai que le tableau des *Résidences* ne favorise nullement l'hypothèse de Mme de Marcey. Je rappellerai, surtout, avec M. l'abbé Bayle (p. 25), que Massillon, ordonné prêtre seulement en 1692, « n'a pas pu prêcher une dominicale avant cette époque. »

[5] Article *Massillon*, dans le t. XXXIV de la *Nouvelle biographie générale* (1861). Mme de Marcey (p. 345) se garde bien d'assigner la date de 1691 à la prétendue rencontre de Massillon et de Boileau. « On affirme, » dit-elle, « mais j'ignore sur quel témoignage, que Boileau et Massillon se virent, s'apprécièrent, discutèrent ensemble, soit à Vienne où Boileau se rendit peut-être, soit plus tard à Auteuil durant la retraite sévère et finale du célèbre satirique. » Impossible en 1691, l'entrevue ultérieure de l'orateur et du poëte me paraît des plus douteuses. Rien absolument dans les écrits contemporains ne permet de voir là autre chose qu'une historiette faite à plaisir.

[6] Sur Henri de Villars, voir M. l'abbé Bayle (p. 26-36). Mme de Marcey (numéro du 31 mars 1867, p. 386-388).

funèbre de l'archevêque de Lyon, Camille de Neufville de Villeroy, mort le 3 juin 1693 [1].

On a raconté — d'Alembert le premier — que, vers cette époque, Massillon, redoutant les enivrements de l'orgueil, résolut d'abandonner la carrière qui s'ouvrait devant lui si large et si éclatante, et qu'il s'ensevelit dans l'abbaye de Sept-fons, où l'on suivait la même règle qu'à la Trappe [2]. Il serait resté, les uns disent quelques mois, les autres disent quelques années [3], plongé dans la paix de ce doux et mystérieux asile vers lequel, plus tard, il aurait aimé à reporter sa pensée et dont il aurait dit si souvent : *Que je regrette ma cellule de Sept-fons!* Mais l'archevêque de Paris ayant fait hommage à l'abbé de Septfons d'un de ses mandements, Dom Eustache de Beaufort confia au transfuge de l'Oratoire le soin de rédiger la réponse, et cette lettre parut au futur cardinal de Noailles assez remarquable pour qu'il voulût connaître le nom réel de l'auteur et, ce nom connu, pour qu'il ne voulût pas qu'un si grand talent demeurât caché sous le boisseau [4].

---

[1] Le P. Bougerel avait attribué bien étourdiment la date de 1698 à la mort de l'archevêque de Lyon et à l'Oraison funèbre. M. l'abbé Blampignon nous apprend (*OEuvres complètes de Massillon*, t. III, p. 23), d'après la *Vie de Camille de Neufville de Villeroy*, par le P. Guichenon (1695, in-12), que le discours de Massillon ne fut pas prononcé dans l'église métropolitaine de Lyon, mais dans celle du couvent des Carmélites de cette ville, où les Villeroy avaient une chapelle et où était religieuse une petite-nièce de l'archevêque. Le corps fut enterré dans cette chapelle, mais les entrailles furent déposées dans un caveau de la cathédrale de Lyon et le cœur fut porté dans l'église de Neuville. De là, trois cérémonies funèbres, et trois discours débités par trois orateurs différents, à des dates plus ou moins éloignées de la date du décès. C'est ce qui explique très-bien que l'éloge de l'archevêque de Lyon, mort avant l'archevêque de Vienne, ait été prononcé par Massillon après l'éloge de Henri de Villars.

[2] Mme de Marcey (note de la page 399) et M. l'abbé Bayle (p. 45) décrivent à l'envi le lieu de retraite que, d'après la version adoptée par eux, Massillon aurait choisi.

[3] M. l'abbé Bayle (p. 49) est de ceux qui croient que Massillon passa seulement quelques mois à l'abbaye de Septfons. Mme de Marcey, au contraire (p. 398 et suivantes), admet un séjour d'au moins deux années. M. Sainte-Beuve (p. 3) parle d' « une ou deux saisons » passées par Massillon à Septfons où, dit-il, le futur évêque de Clermont « goûta dans toute sa douceur le miel de la solitude. » Le P. Perraud (*l'Oratoire de France au* xviie *et au* xviiie *siècle*, deuxième édition, 1866, p. 337-346) a seul placé la retraite de Massillon au début de sa vie ecclésiastique, avant même son professorat et lorsqu'il étudiait à Arles. Cette opinion est entièrement gratuite.

[4] Mme de Marcey cherche ingénieusement à montrer (p. 402 et suivantes) que le document auquel Massillon aurait répondu de main de maître était l'ordonnance (rédigée par Bossuet) portant condamnation du livre de l'*Exposition*

J'avoue que j'avais, depuis assez longtemps déjà, regardé toutes ces circonstances comme bien extraordinaires et comme bien incertaines. Ce qui m'inquiétait surtout, c'était cette singulière intervention de l'archevêque de Paris surgissant, à point nommé, pour retirer du cloître un novice qui, sous le nom de son abbé, lui avait écrit d'une façon si merveilleuse. Je me disais que nul n'avait jamais lu ce chef-d'œuvre épistolaire : de là, il n'y avait pas loin à soupçonner que ce chef-d'œuvre n'avait jamais existé. Comme le récit de d'Alembert repose en entier sur une pièce si fatalement invisible, la pièce disparaissant de la discussion, le récit croule tout d'un coup et à tout jamais. Autre objection non sans gravité : comment le P. Bougerel, qui écrivait plus de vingt ans avant d'Alembert et moins de dix ans après la mort de Massillon, n'a-t-il pas connu les étranges particularités qui auraient ramené Massillon à l'Oratoire et l'auraient décidé à se consacrer désormais aux nobles combats de la prédication [1]?

J'en était là, nageant, pour ainsi parler, en plein doute, quand je lus, dans la *Notice* de M. Godefroy, une note décisive [2]. Que l'on en juge !

« Cette anecdote du secrétaire perpétuel de l'Académie française a été démentie par l'abbé de La Batisse, doyen de l'église de Clermont, longtemps familier avec le pieux évêque, dont il connaissait toute la vie. — « L'abbé de Septfons, dit-il dans une lettre du 26 septembre 1779, l'abbé de Septfons étoit pour lors dom de Beaufort, homme de naissance, d'esprit et d'une grande vertu. S'il eût reçu une lettre du cardinal, eût-il été embarrassé pour y répondre ? Et, supposé son embarras, entre cent cinquante religieux auroit-il choisi un novice qui n'étoit pas dans une position à faire éclater des talens ? Ces raisons seules fonderoient de violentes suspicions contre l'existence de la lettre ; mais passons la vraysemblance, il est certain que la vérité manque. M. Massillon n'a jamais été novice à Septfons. Nous avons ici deux oratoriens plus qu'octogénaires qui ont vécu quelques années dans la congrégation avec le père Massillon, ils prouvent l'impossibilité du prétendu Septfonisme ; mais une preuve sans réplique, c'est le témoignage de dom Dorotée, actuellement abbé et religieux de cette abbaye depuis trente-huit ans, qui m'assure, dans une lettre que j'ay sous les yeux, que cette pré-

de la foi touchant la grâce et la justification, ouvrage de l'abbé de Barcos, neveu et disciple de l'abbé de Saint-Cyran.

[1] M. l'abbé Bayle a été beaucoup trop timide quand il s'est contenté de dire (p. 49) : « Nous ne savons s'il faut ajouter une foi entière au récit de d'Alembert. »

[2] Page 3.

tendue anecdote est une fable, et que M. Massillon n'a jamais été novice à Septfons [1]. »

« Cette lettre curieuse, qu'on ne trouve dans aucun des recueils littéraires du temps, ajoute M. Godefroy, a été insérée par M. Louis Paris, dans le *Cabinet historique*, t. III, p. 520 et suivantes. Elle contient la réfutation de plusieurs autres assertions légères de d'Alembert. »

Au commencement d'octobre 1696, Massillon fut appelé de Lyon à Paris pour remplir, au séminaire de Saint-Magloire [2], les fonctions de « directeur des ecclésiastiques [3]. » Là, dans des conférences qui devinrent bientôt célèbres et qui suffiraient à l'immortaliser, il traita, comme un autre saint Jean Chrysostome, des devoirs de la vie sacerdotale. En 1698, il prêcha le Carême à Montpellier. L'année suivante, ce fut dans l'église de l'Oratoire de la rue Saint-Honoré [4], et il prêcha l'Avent à Versailles, devant la cour [5]. Entre le Carême et l'Avent, il aurait fait entendre, selon quelques biographes [6], son éloquente parole à Notre-Dame, et l'on rapporte même que le P. Bourdaloue, qui s'était mêlé à la foule des auditeurs, et auquel on demandait compte de ses impressions, s'écria, répétant la

[1] Ce qui confirme le témoignage de dom Dorotée, c'est le tableau des *Résidences de Massillon*; on y voit que, dans le temps même qu'il aurait passé à Septfons, il ne cessa de professer la théologie au séminaire de Vienne, et ne quitta cette ville que le 9 septembre 1695, pour se rendre au séminaire de Lyon où il professa pendant une année, et où il eut le même supérieur (le P. André Ville) qu'au séminaire de Vienne.

[2] Rue Saint-Jacques, près de l'église Saint-Jacques-du-Haut-Pas (aujourd'hui institution des sourds-muets). M. l'abbé Bayle a cité (p. 52) l'éloge que fit Bossuet de la maison de Saint-Magloire, lorsqu'il prononça l'oraison funèbre du P. Bourgoing.

[3] Mme de Marcey (n° du 31 mars 1867, p. 409) nous dit que le P. de La Tour le nomma « troisième directeur, » mais sur le tableau des *Résidences*, Massillon, dès le 1er octobre 1696, figure comme « second directeur. » Je ne vois d'ailleurs que deux directeurs mentionnés dans la liste officielle publiée par M. Blampignon sous le titre d'*État des séminaires*.

[4] Mme de Marcey (n° du 30 avril 1867, p. 673-676) donne l'histoire et la description de cette église. Sur le succès qu'y obtint la prédication de Massillon, on peut voir, à l'appendice du tome III de la dernière édition de *Port-Royal* (1867, p. 606), un passage de la correspondance manuscrite d'un témoin auriculaire, M. Vuillart, avec M. de Préfontaine (8 avril 1699).

[5] Tous les récents biographes de Massillon ont cité cet extrait du *Journal* de l'abbé Le Dieu, le secrétaire de Bossuet : « La grande réputation de ce « prédicateur après son premier carême à Paris, lui mérita de passer de plein « saut à celle du château de Versailles. » Mme de Marcey (n° du 31 mai 1867, p. 897) assure que Massillon prépara son Avent à la campagne, à Montataire, « charmant village entouré de riches et majestueux horizons, etc. »

[6] Voir notamment Mme de Marcey (n° du 31 mai 1867, p. 899-900). M. l'abbé Blampignon ne dit rien, si je ne me trompe, de ce discours de Notre-Dame.

phrase enthousiaste du Précurseur : *Illum oportet crescere, me autem minui* [1]. Cet hommage d'un rival non moins grand par la modestie que par le talent n'aurait fait, en tout cas, que devancer le bruit flatteur de l'opinion publique saluant en Massillon, dès le troisième sermon de Versailles, « le premier prédicateur du royaume [2]. »

Voici, du reste, par ordre chronologique, la liste des Avents et des Carêmes dus à Massillon, telle que M. l'abbé Blampignon l'établit d'après les manuscrits originaux des délibérations du Conseil de l'Oratoire et d'après quelques autres documents non moins authentiques :

1700. Carême, à Saint-Gervais [3].
1701. Carême, à la Cour [4].

[1] Le récit est-il bien authentique? Je voudrais que M. l'abbé Blampignon, dans son *Histoire de Massillon*, discutât la question. Je voudrais aussi qu'il recherchât l'origine de quelques mots que les biographes mettent peut-être à tort dans la bouche de Massillon. Par exemple, cet orateur a-t-il jamais dit: « Quand on approche de cette avenue de Versailles, on sent un air amollissant? » Et, pour revenir au P. Bourdaloue, Massillon a-t-il jamais riposté à l'*Illum oportet crescere* par ce trait si spirituel cité par Mme de Marcey (no du 30 septembre 1868, p. 306)? « Un homme du monde l'aborde, un jour, et, lu! « faisant sur le ton de la plaisanterie un compliment adroit, il lui dit brus- « quement : Savez-vous, mon Père, qu'on coupe les bourses à vos sermons? « — C'est possible, répondit Massillon, mais le P. Bourdaloue les fait « rendre. »

[2] Discours de J. Joseph Languet de Gergy à l'Académie française, le jour de la réception du duc de Nivernais (séance du 4 février 1743). Mme de Marcey (no du 31 mai 1867, p. 914) prouve très-bien, contre M. l'abbé Blampignon, que ce troisième sermon fut, non le discours *sur les afflictions*, mais le discours *pour la fête de la conception de la sainte Vierge*. Aux yeux de Mme de Marcey, le discours *sur les afflictions* est postérieur de plusieurs années, et il me semble difficile de ne pas lui donner raison.

[3] Sur le Carême prêché à Saint-Gervais, voir, à la date du 4 mars 1700, la correspondance (déjà citée) de M. Vuillart (*Port-Royal*, t. III, p. 607). M. Vuillart rapproche le P. Massillon du P. Maure, oratorien et provençal, qui jouissait alors d'une immense vogue. Voir un autre parallèle des deux orateurs, tracé par Brillon, dans la seconde édition du *Théophraste moderne* (1701). Ce *parallèle* a été reproduit par M. l'abbé Blampignon (t. I, p. 265, et t. IV, à l'appendice D) et par M. l'abbé Bayle (p. 115-117). M. l'abbé Bayle et Mme de Marcey (no du 30 septembre 1867, p. 516) n'en ont connu ni l'auteur, ni la date : ils ne citent tous les deux que l'extrait anonyme imprimé à Liége en 1704 sous ce titre : *Caractère des RR. PP. Maure et Massillon*.

[4] M. Sainte-Beuve (*Causeries du Lundi*, t. IX, p. 3) s'exprime ainsi : « Le P. Bougerel, dans son exacte notice sur Massillon, ne parle que du Carême de 1704 prêché à la cour par Massillon et ne dit rien du Carême de 1701. Tous ces points restent à éclaircir. » Tous ces points ont été le mieux du monde éclaircis par M. l'abbé Bayle (p. 109-111), par Mme de Marcey (no du 31 octobre 1867, p. 706-707), par M. l'abbé Blampignon (*passim*). Outre les documents

1702. Avent, à Saint-Honoré [1].
1703. Carême, à Saint-Eustache [2].
1704. Carême, à la Cour [3].
1706. Carême, à Saint-Paul.
       Avent, aux Piémontais (à la Croix-Rouge).
1707. Carême, à Notre-Dame.
       Avent, aux Nouvelles-Catholiques (rue Sainte-Anne).
1708. Carême, à Saint-Leu.
1709. Carême, à Saint-Sulpice.
1710. Carême, à Saint-Germain-l'Auxerrois.
       Avent, aux Enfants-Rouges (hôpital des enfants trouvés,
          près du Temple).
1711. Carême, à Notre-Dame.
       Avent, à Saint-Roch.
1712. Carême, à Saint-Gervais.
1713. Carême, à Saint-Eustache.
1714. Carême, à Saint-Jacques-la-Boucherie.

de l'Oratoire, on a pu invoquer la *Gazette*, le *Journal* de Dangeau, celui de l'abbé Le Dieu. On lit dans ce dernier recueil, à la date du 14 mars 1701 : « Séjour à Versailles, Bossuet y entendit le sermon de la Samaritaine prêché par le P. Massillon, dont il fut très-content. »

[1] On a parlé d'un Carême prêché par Massillon à Notre-Dame en 1702 (Mᵐᵉ de Marcey, n° du 31 octobre 1867, p. 710), mais les registres de l'Oratoire n'en font aucune mention.

[2] Ce fut alors que Massillon prononça son magnifique sermon *sur le petit nombre des élus*, que l'on entendit avec un si grand saisissement et qui, l'année suivante, ne devait pas produire moins d'émotion à Versailles. Voir, outre Voltaire et Maury, l'abbé Bayle (p. 162-169), Mᵐᵉ de Marcey (n° du 31 juillet 1867, p. 23-26), etc. A ce sermon, dont tout le monde s'entretenait avec admiration, se rattache le souvenir de la naïve exclamation du sonneur de Saint-Eustache : « C'est moi qui l'ai sonné ! » Rapprochons de cette anecdote ce que raconte M. Vuillart (4 mars 1700) des loueuses de chaises de Saint-Gervais élevant le tarif à quinze sous, en l'honneur de Massillon, et des loueuses de chaises de Saint-Étienne-du-Mont abaissant le tarif à quatre sous, parce que ce n'était que le P. Maure qui parlait. Un autre hommage populaire bien significatif est ce cri d'indignation d'une femme qui ne pouvait trouver place dans l'église : « Ce diable de Massillon, quand il prêche, remue tout Paris ! »

[3] Mᵐᵉ de Coulanges écrivait, le 3 mars 1704, à Mᵐᵉ de Grignan (*Lettres de Mᵐᵉ de Sévigné*, édition de M. Ad. Régnier, t. X, p. 505) : « Le P. Massillon réussit à la cour comme il a réussi à Paris. » Quoique Massillon eût tant réussi à la cour, il n'y reparut pas du vivant de Louis XIV, l'Oratoire étant en disgrâce auprès du roi. Je prends la liberté de recommander à M. l'abbé Blampignon de bien préciser la première apparition dans les livres de ce mot de Louis XIV à Massillon : « Mon père, j'ai entendu plusieurs grands ora- « teurs, j'en ai été fort content ; pour vous, toutes les fois que je vous ai « entendu, j'ai été très-mécontent de moi-même ; » et de cet autre mot qui aurait été dit pour encourager le prédicateur hésitant et troublé : « Mon père, « il est bien juste de nous laisser le temps de goûter les belles choses que « nous venons d'entendre. » Je crains que ces deux mots (le dernier surtout) aient été attribués au roi, non par des contemporains, mais par la tradition, et seulement vers le milieu du xviiiᵉ siècle.

1715. Carême, à la cour de Lorraine [1].
1716. Carême, à Saint-Paul.
1717. Carême, aux Quinze-Vingts.
1718. Carême, devant Louis XV, dans la chapelle des Tuileries [2].

Quant aux discours isolés, on a pu généralement fixer leur date avec assez de précision. Ainsi, l'on sait parfaitement qu'un des sermons pour une profession religieuse fut prononcé à la Visitation de Chaillot, le 29 janvier 1705, en présence de la reine d'Angleterre, et qu'un autre fut prononcé au monastère des Bénédictines de Pont-aux-Dames, près de Meaux, soit le 31 juillet 1706, soit le 2 août suivant [3]; que le panégyrique de saint Etienne fut prêché à Meaux le 2 ou le 3 août 1706 [4]; que l'on entendit l'oraison funèbre du prince de Conti dans l'église de Saint-André-des-Arts le 21 juin 1709, celle de « Monseigneur, Louis Dauphin, » dans la Sainte-Chapelle, le 14 juillet 1711, celle de Madame, duchesse d'Orléans, dans l'église de Saint-Denis, le 13 février 1723 [5]. Il reste à déterminer l'année et le jour où furent prononcés les panégyriques de sainte Agnès, de saint François de Paule, de saint Benoît,

---

[1] M. l'abbé Bayle (p. 228) n'a pas indiqué l'époque où le duc de Lorraine appela Massillon à Nancy. M. Godefroy (*Notice*, p. 4, note 2) déclare qu'il ne saurait préciser cette époque. Mme de Marcey met en l'année 1707 le Carême prêché à la cour de Lorraine (n° du 31 octobre 1868, p. 630).

[2] Mme de Marcey (n° du 30 juin 1868, p. 1005) a reproché à M. Désiré Nisard, auquel elle donne le prénom de *Charles*, qui appartient à un frère de l'académicien, d'avoir, dans son *Histoire de la littérature française*, fait entendre aux « mondains de la Régence » les « discours foudroyants » qui avaient été prononcés de 1699 à 1704. Ce n'est pas dans son *Histoire de la littérature française* que M. Nisard a commis cet anachronisme, c'est dans son étude sur *les grands sermonnaires français* (*Revue des Deux-Mondes* du 15 janvier 1857). L'erreur, ou plutôt (car il y en a plus d'une) les erreurs de M. Nisard ont été relevées par M. l'abbé Bayle (p. 134) et par M. Godefroy (p. 16). M. l'abbé Blampignon s'est contenté de protester (t. I, p. 6) contre les sévérités et les exagérations de M. Nisard, rapprochant Massillon de Lamotte et de Marivaux (*Histoire de la littérature française*, t. IV, p. 64 et 65).

[3] Mme de Marcey (n° du 31 octobre 1868, p. 624) indique le 2 août et M. l'abbé Blampignon (t. III, p. 153) indique le 31 juillet. L'un et l'autre ajoutent que le sermon fut prêché pour Mlle de Labarre, nièce de Mme la Présidente de Quincy.

[4] M. l'abbé Bayle (p. 240) et M. l'abbé Blampignon (t. II, p. 614) donnent la date du 2 août ; Mme de Marcey (*Ibid.*) donne celle du 3 août, jour, remarque-t-elle, de l'invention des reliques de saint Etienne, patron de la ville de Meaux.

[5] Il est bien étrange que ni M. l'abbé Bayle, ni M. l'abbé Blampignon, ni M. Godefroy, ni Mme de Marcey n'aient retrouvé l'indication du jour où Massillon prononça, dans la Sainte-Chapelle, l'oraison funèbre de Louis le Grand, mort le 1er septembre 1715.

de saint Jean-Baptiste, de sainte Madeleine, de saint Louis et de saint Thomas d'Aquin, deux sermons pour une profession religieuse, et surtout l'année et le jour où l'orateur électrisa plus que jamais son auditoire, à l'occasion de la bénédiction des drapeaux du régiment de Catinat [1].

Toute la vie de Massillon, depuis 1698 jusqu'au 6 novembre 1717, où il fut nommé évêque de Clermont [2], est dans ses prédications. On ne s'étonnera donc pas de ne rien trouver ici sur les vingt années comprises entre ces deux dates. Seulement, comme on a prétendu que, dans cette période remplie de tant de triomphes oratoires, la conduite de Massillon ne fut pas à l'abri de tout reproche, je voudrais examiner de près tout ce

[1] Mme de Marcey (n° du 31 décembre 1867, p. 1042) pense que ce sermon fut prononcé à Marseille, après le Carême de 1701. M. l'abbé Blampignon se demande (t. I, p. 100) si ce discours est de 1698 ou de 1701, et ajoute : « Ce qui, « du moins, est certain, c'est qu'il fut prêché en Provence, avant que Catinat « se retirât à Saint-Gratien, c'est-à-dire avant 1702. Peut-être a-t-il été « donné à Marseille, dans la célèbre église de Saint-Victor. » Mais M. l'abbé Bayle (p. 419) soutient avec grande apparence de raison une thèse bien différente : « Nous croyons, dit-il, qu'il (ce discours) fut prêché à Vienne dans « l'église métropolitaine de Saint-Maurice, vers la fin de l'année 1693, ou au « commencement de l'année suivante. Catinat fut fait maréchal de France le « 27 mars 1693. L'année précédente, il avait dû protéger le Dauphiné, menacé « par le duc de Savoie, qui prit Embrun et Gap. Massillon parle de Catinat « comme du *sage et vaillant général à qui cette province doit sa sûreté, et le* « *reste du royaume sa paix et son abondance.* Il représente Louis XIV *la* « *tête chargée des marques de sa grandeur et de ses victoires, et dans le temps* « *que tout retentit de son nom et du bruit de ses conquêtes.* De telles paroles « n'ont pu être écrites qu'avant la paix de Ryswick. Quand Massillon dit qu'il « parle *dans un temple consacré au chef d'une légion sainte qui sut préférer* « *le culte de Jésus-Christ à celui des statues de l'empereur,* il désigne l'église « de Vienne consacrée à saint Maurice, chef de la légion Thébaine. » M. l'abbé Bayle, en une autre circonstance encore, a été mieux avisé que ses concurrents qui ont avancé (Mme de Marcey, n° du 28 février 1867, p. 345 ; M. l'abbé Blampignon, t. I, p. 115) que Massillon se montra, de bonne heure, très-sévère pour le théâtre, comme le prouve une lettre d'Arnauld à Boileau, en date du 10 avril 1691 (*OEuvres de Boileau,* édition de Saint-Surin, t. IV, p. 25) : M. l'abbé Bayle rappelle (p. 192) qu'à l'époque où fut écrite cette lettre, Massillon était à Vienne, âgé seulement de vingt-huit ans et non encore prêtre ; qu'il n'avait alors aucune notoriété et qu'il ne pouvait être appelé par Arnauld *le P. Massillon.* M. l'abbé Bayle suppose très-sensément que le correspondant de Boileau avait écrit : *le P. M.* ou *le P. Mas.* et qu'il avait voulu parler de Mascaron, qui avait, en 1691, prêché déjà plusieurs fois à la cour et qui avait bien pu s'y montrer l'adversaire des spectacles, puisque, trois ans plus tard, il les attaqua dans un sermon spécial prononcé devant le roi, comme nous l'apprend une lettre de la princesse Palatine du 23 décembre 1694.

[2] Massillon fut sacré le 21 décembre suivant, et non le 16, comme l'a marqué M. Sainte-Beuve (*Causeries du Lundi,* t. IX, p. 28).

qui a été dit à ce sujet, et mettre le lecteur en mesure de juger souverainement — non l'accusé — mais les accusateurs.

Les ennemis de Massillon ont cité trois noms sur lesquels ils ne s'accordent pas : celui de la marquise de Simiane, celui de la marquise de l'Hôpital, et celui de la duchesse de Berry, fille du Régent.

C'est Chamfort, c'est-à-dire le plus léger de tous les hommes, qui, dans ses *Caractères et Portraits*, c'est-à-dire dans le plus frivole de tous les *ana*, a mentionné seul, absolument seul, lui qui venait à peine de naître (1741) quand Massillon rendait son âme à Dieu (28 septembre 1742), la coupable liaison de l'Oratorien avec Pauline d'Adhémar de Monteil de Grignan. Voici son récit, que je demande pardon de transporter avec toutes ses impertinences dans un recueil aussi grave que celui-ci :

« Massillon était fort galant. Il devint amoureux de Mme de Simiane, petite-fille de Mme de Sévigné. Cette dame aimait beaucoup le style soigné, et ce fut pour lui plaire qu'il mit tant de soin à composer ses *Synodes*, un de ses meilleurs ouvrages. Il logeait à l'Oratoire, et devait être rentré à neuf heures ; Mme de Simiane soupait à sept, par complaisance pour lui. Ce fut à un de ces soupers tête à tête qu'il fit une chanson très-jolie, dont j'ai retenu la moitié d'un couplet.

. . . .
« Aimons-nous tendrement, Elvire :
« Ceci n'est qu'une chanson
« Pour qui voudrait en médire;
« Mais, pour nous, c'est tout de bon [1]. »

Relever toutes les choquantes erreurs contenues dans ces lignes, ce serait trop. Je me bornerai simplement à rappeler ceci : quand Massillon composa ce que Chamfort appelle ses *Synodes* (pour ses *Discours synodaux*), il n'était plus à l'Oratoire, mais bien à l'évêché de Clermont, et il n'avait pas moins de soixante ans quand il prononça, au séminaire de sa ville épiscopale, en 1723, la première de ces dix-neuf paternelles exhortations [2].

---

[1] *Œuvres de Chamfort*. Paris, Delahaye, 1852, p. 130. — Un autre prélat, Antoine Malvin de Montazet, archevêque de Lyon et membre de l'Académie française, a été, lui aussi, indignement outragé par l'auteur des *Caractères et Portraits*. J'ai l'intention de venger sa mémoire dans un travail spécial. Ce sera pour moi remplir un pieux devoir, car ma famille se glorifie de sa parenté avec la famille de Montazet, à laquelle appartenait la mère de ma trisaïeule paternelle, Marguerite de Malvin, qui épousa, avant 1681, André du Pouy, écuyer, seigneur de Bonnegarde.

[2] La dernière est de 1741. Mme de Simiane, née en 1674, mourut en 1737.

M. Sainte-Beuve, qui n'a pas toujours été assez juste à
l'égard de Massillon, surtout dans *Port-Royal*, a du moins
consciencieusement apprécié le récit de Chamfort : c'est pour
lui « une anecdote dénuée de toute authenticité [1]. » C'est ce
qu'a aussi déclaré M. P. Mesnard, dans la *Notice biographique
sur Mme de Sévigné*, en tête du premier volume de l'édition
des *Lettres* qui fait partie de la belle collection des *Grands écri-
vains de la France* [2]. M. l'abbé Bayle n'a pas manqué d'obser-
ver [3] que si Massillon s'était occupé d'une manière mon-
daine de Mme de Simiane, on trouverait sûrement quelque
indice de la vérité dans les lettres de Mme de Coulanges.

Pourrait-on à meilleur droit incriminer les relations de l'Oratorien avec la marquise de l'Hôpital [4] ? Tout à l'heure nous
avions affaire à un nouvelliste, à un anecdotier ; maintenant
nous nous trouvons en présence de chansonniers, de chansonniers anonymes, gens, on en conviendra, d'infiniment peu
de crédit. C'est dans le recueil manuscrit conservé à la Bibliothèque nationale sous le titre de *Recueil de Maurepas* que se
trouvent les vils couplets si injurieux à la fois pour Massillon et
pour la veuve du marquis de l'Hôpital. Qui donc oserait, sur
la foi d'aussi méprisables polissonneries, transformer en une
honteuse intrigue l'échange d'une pure affection entre le
directeur et la pénitente, les visites de consolation de l'ami à
la veuve affligée [5] ? En dehors du cloaque littéraire que l'on

---

[1] *Causeries du Lundi*, t. IX, p. 22. M. Sainte-Beuve renvoie au livre de
M. Aubenas, *Histoire de madame de Sévigné et de sa famille*, in-8°, 1842,
p. 505.

[2] Page 315. M. Mesnard mentionne « la grande amitié » de l'auteur du *Petit
Carême* pour Mme de Simiane, et ajoute que « le caractère respectable de Massillon ne permet pas d'ajouter foi aux « anecdotes sans preuves » de Chamfort.

[3] Page 200.

[4] Guillaume-François-Antoine de l'Hôpital, marquis de Saint-Mesme et de
Monteiller, mort en février 1704, à l'âge de quarante-trois ans, avait épousé, le
10 juillet 1688, Marie-Charlotte de Romilley de la Chesnelaye. On sait que le marquis de l'Hôpital fut un grand mathématicien et qu'il fit paraître en 1696 un
traité des plus remarquables : l'*Analyse des infiniment petits*. Fontenelle,
dans l'*Histoire de l'Académie des Sciences*, a dit des deux époux : « Leur union
a été jusqu'au point qu'il lui a fait part de son génie pour les mathématiques. »

[5] M. l'abbé Bayle s'exprime ainsi (p. 201) : « Massillon la dirigeait, dit-on, dès
1703, et il alla passer les vacances chez elle à Saint-Mesme, en 1704. » Mme de
Marcey, sans faire aucune allusion aux mauvais propos, nous montre (numéro
du 31 août 1868, p. 282, 289) Massillon, « comme Malebranche et avec lui, »

appelle le *Recueil de Maurepas*, personne, au xviiie siècle, n'a cru aux *faiblesses* de l'hôte du château de Saint-Mesme. Personne? je me trompe. Un avocat, infecté du venin de l'ultrajansénisme, et ne pouvant pardonner à l'évêque de Clermont sa fidélité à la bonne cause, Mathieu Marais, a écrit, sous la dictée de ses fanatiques préventions et de ses misérables rancunes, cette page dix fois mensongère [1] :

« ... Ce P. Massillon, à présent évêque, a prêché pendant vingt ans à Paris avec un applaudissement extraordinaire. On le regardait comme un apôtre. Mais on reconnaît à présent [2] que c'était un faux apôtre et un déclamateur qui a joué la religion. J'y ai été trompé comme les autres, et séduit par son bel esprit et son exacte prononciation qui pénétrait l'âme. Il y a quelques années qu'on fit courir le bruit d'une galanterie qu'il avait eue avec la marquise de l'Hôpital. Ses amis disaient que c'était une calomnie ; mais feu madame la Dauphine, qui en était bien informée, et qui avait une lettre de ce commerce, assura la cour de la vérité de l'histoire [3], et on en fit des chansons qui ont passé avec le temps [4]. A présent, cela se renouvelle ; il s'est poussé à la cour ; il a prêché devant le roi de jolis petits sermons courts, polis et gracieux ; on lui a donné un évêché ; et aussitôt on a vu le père de l'Oratoire plus jésuite qu'un jésuite même et tout à fait dans l'intrigue de la Constitution. »

Quant à la duchesse de Berry, ce complet et vivant contraste de Massillon, qui donc aurait jamais pensé que, atteignant à peine sa vingt et unième année et entourée de tant de sédui-

allant « s'asseoir sous les ombrages touffus de Saint-Mesme, » y causant mathématiques et philosophie, et « aimant cette demi-solitude, si féconde, si « sérieuse et si douce, dans laquelle la science, les lettres et l'amitié lui ten-« daient également la main. »

[1] *Journal et Mémoires* publiés par M. de Lescure, t. I, 1863, p. 488.

[2] « *A présent*, c'est-à-dire depuis qu'il s'est ouvertement déclaré pour la Bulle. » Note de M. l'abbé Blampignon (*Correspondance inédite*, p. 19).

[3] « Louis XIV le justifia sur les calomnies qui coururent sur lui à l'occasion « de Mme de l'Hôpital. En général, le P. Massillon ne s'est jamais mis en peine « des jugements du public. » (*Notice manuscrite* conservée aux archives de l'Oratoire et citée par M. l'abbé Blampignon, *Correspondance inédite*, p. 20.)

[4] C'est d'une de ces chansons que Boileau voulait parler à ses bons amis, M. et Mme Dacier, qui prenaient très-vivement contre lui le parti de Socrate, à propos d'un détestable vers de la détestable Satire XII (sur l'équivoque) : « Mais que diriez-vous donc, si j'avais fait la chanson qui court contre le « P. Massillon ? » A quoi Dacier, avec son zèle outré pour l'antiquité, répliqua : « Ah ! le bel homme que Massillon pour le comparer à Socrate ! » Ce petit dialogue, que je n'ai vu cité par aucun des biographes de Massillon, est rapporté dans la *Vie de Boileau*, par Daunou, en tête de l'édition des *OEuvres complètes* de 1825 (t. I, p. LXIX). Je n'en garantis pas l'authenticité.

sants jeunes gens avides de lui plaire, on no is la représente-
rait sensible à l'amour d'un homme, d'un prêtre, dont l'âge
était plus que double, presque triple, du sien? L'impossibilité,
non-seulement morale, mais encore matérielle, de cette réci-
proque passion est telle, que je suis bien tenté de prendre
pour une mauvaise plaisanterie cette phrase du marquis d'Ar-
genson (Lettre du 9 janvier 1717) : « Le directeur, qui est, dit-
on, aussi amusant dans la ruelle que dans la chaire, est
devenu le galant [1]. » En s'exprimant ainsi, le marquis d'Argen-
son, alors âgé de vingt ans, ne voulait que raconter quelque
piquante aventure à la femme qui, comme trop de femmes de
ce temps-là, trouvait une correspondance d'autant plus
attrayante qu'elle était plus scandaleuse. Le futur homme
d'État se souciait bien de la vérité! Intéresser, égayer la belle
dame à qui ses lettres étaient adressées, voilà ce que cherchait
par-dessus tout et à tout prix le jeune nouvelliste. Si l'on
n'acceptait pas mon explication, si l'on pensait que cet adoles-
cent fût un narrateur convaincu, il me resterait à soutenir que,
dans tous les cas, il était bien mal informé, puisque le 16 mars
de la même année, il écrivait : « On a dit que Mme de Berry
payait les bulles, qui sont de 40,000 livres... » Or, qui ne

---

[1] Citation faite par M. de Lescure (note de la page 488 du tome I de son
édition du *Journal* de Mathieu Marais). M. de Lescure emprunte cette citation
au « volumineux et curieux recueil de correspondances, conservé à la Bibliothèque Mazarine sous le nom de la marquise de La Cour, » et dont, avec
son concours, ajoute-t-il, M. Philarète Chasles se propose de « publier la
fleur. » M. de Lescure, en toute cette note, semble prendre plaisir à dévoiler
la culpabilité de Massillon. Il tire du fabuleux séjour à Septfons les argu-
ments les plus fâcheux; il admet sans aucune réserve l'impudent récit de
Chamfort; il va même jusqu'à déclarer que les cyniques détails fournis par
les chansons du recueil de Maurepas « respirent la vérité. » Après cela faut-il
s'étonner de ce que le fringant auteur des *Amours de François Ier* et des
Amours de Henri IV ne refuse pas de croire à l'automnale tendresse de Massillon pour la duchesse de Berry, à la printanière tendresse de la duchesse
de Berry pour Massillon? Quant à cette odieuse page de Mathieu Marais, où
s'épanche à flots tout le fiel du sectaire, M. de Lescure, au lieu de la flétrir, la
proclame « importante. » On ne proteste pas contre de tels arrêts : ils
sont sans valeur. Un critique éminent que l'on est heureux de voir au
nombre des membres de l'Académie française, M. Louis de Loménie, a déjà
reproché à M. de Lescure (*Revue des Deux-Mondes* du 1er février 1869 : *Madame de Rochefort, sa famille et ses amis*, p. 678) d'avoir « un peu légèrement »
tranché une question du même genre « dans le sens indiqué par les mœurs
du xviiie siècle. » Mais c'est d'un mot plus sévère qu'il y aurait à frapper
un écrivain qui ne veut voir que des éclaboussures sur ce front où il faut
saluer l'auréole.

sait que le prix des bulles de l'évêque de Clermont fut soldé par un de ses meilleurs et de ses plus fidèles amis, le riche financier Crozat [1]? L' « on-dit » relatif aux bulles et l' « on-dit » relatif à la ruelle ont la même inanité, et méritent que les gens sensés les accueillent tous les deux avec un parfait dédain.

Aux citations dictées par l'étourderie ou par l'animosité, combien on pourrait facilement opposer des témoignages favorables non moins que consciencieux ! Parmi les apologistes qui se lèveraient en masse pour confondre ceux qui ont entrepris de diffamer le *Racine de la chaire* [2], on trouverait d'Alembert déclarant que « l'envie calomnia les mœurs de Massillon, » l'abbé Dorsanne et les rédacteurs des *Nouvelles ecclésiastiques* qui, quoique fougueux jansénistes les uns et les autres, ont rendu à la pureté de leur adversaire, par leur silence même sur ce point, le plus flatteur de tous les hommages [3]; Saint-Simon et Duclos, qui tous les deux ont été forcés de reconnaître « la vertu » et « le mérite » de l'évêque qui n'avait pourtant pas leurs sympathies [4]. Mais un témoignage que je préfère encore à tous ceux-là, c'est celui de Massillon lui-même. Non, celui qui, dans les conférences de Saint-Magloire, a parlé avec tant d'austérité des devoirs sacerdotaux, celui qui n'a pas craint d'exiger que le soupçon le plus léger n'atteignît jamais le prêtre [5], celui qui n'a si éloquemment exalté la chasteté que parce qu'il était inspiré par elle, celui-là, je le jure, n'a jamais

---

[1] Voir notamment M. Sainte-Beuve, *Causeries du Lundi*, t. IX, p. 28. M. Gence, trompé par les *Mémoires* de Duclos, a prétendu (article *Massillon* de la *Biographie universelle*) que ce fut le Régent qui paya.

[2] C'est La Harpe qui a surnommé ainsi Massillon ; il lui a encore donné le glorieux titre de « Cicéron de la France. » M. S. de Sacy (*Variétés littéraires, morales et historiques*, t. I, p. 84) n'a consenti à l'appeler que « l'Isocrate français. » M. Godefroy (p. 48-50) a cité sur Massillon comparé à Racine les *Mélanges* de Voltaire, ceux de M. de Bonald et les *Mémoires d'outre-tombe*.

[3] Voir les citations recueillies par M. l'abbé Blampignon (*Correspondance inédite*, p. 20-21).

[4] Rappelons ici que Saint-Simon et Duclos ont tous les deux excusé Massillon d'avoir été un des évêques assistants, le jour du sacre de l'archevêque de Cambrai (cardinal Dubois). M. Gence renvoie à un plaidoyer en faveur de Massillon, qui se trouve dans les *Mélanges de philosophie, d'histoire, de morale et de littérature*, t. VIII, p. 176-203. Voir encore M. l'abbé Bayle (p. 330-337), M. l'abbé Blampignon (*Correspondance inédite*, p. 21-22).

[5] *Passim*, mais surtout conférence XV, p. 478 du t. III de l'édition de M. l'abbé Blampignon.

failli, et soit oratorien, soit évêque, il a saintement vécu comme il a saintement parlé [1].

Quand Mme de Marcey aura publié la seconde partie de son beau travail et M. l'abbé Blampignon, cette histoire complète de Massillon, qu'il prépare avec trop de soin pour que ce ne soit pas une histoire définitive [2], je demanderai la permission de faire connaître les nouveaux résultats obtenus par ces deux nobles émules [3], qui, avec M. l'abbé Bayle, auront si bien mérité de tous les admirateurs — et le nombre en est grand ! — du doux génie et de l'exquise vertu d'un homme dont à jamais on dira : Il a honoré à la fois la France, les Lettres et l'Eglise.

[1] L'archevêque de Sens, le pieux et grave Languet de Gergy, dans son discours (déjà cité) à l'Académie française, crut devoir parler, à deux reprises, de la *sainteté* de Massillon. N'oublions pas que le sceptique M. Sainte-Beuve a dit des discours de Massillon, si pleins d'une divine morale (*Causeries du Lundi*, t. IX, p. 24): « Ce sont là les réfutations victorieuses et souveraines. »

[2] J'espère que les communications de documents réclamées aux Archives du Puy-de-Dôme ne seront pas plus longtemps refusées à M. l'abbé Blampignon, et que ses trop légitimes plaintes à cet égard (p. 599 du t. III, p. 1 du t. IV) seront remplacées par des remerciments. Il ne serait pas digne de notre époque, en vérité, que toutes les facilités désirables ne fussent pas partout accordées à un tel travailleur.

[3] J'attends, entre autres éclaircissements, la solution de cette question : Massillon a-t-il composé une vie du Corrége ? S'il a composé cette vie, qu'est devenu son manuscrit ? On a prétendu (Notice anonyme mise en tête du t. XLII des *Orateurs sacrés*, collection Migne) que l'abbé Goujet, le premier, dans sa *Bibliothèque française*, avait signalé l'existence de cet ouvrage. Je n'ai trouvé dans la *Bibliothèque française* qu'un court éloge de Massillon orateur (t. II, 1740, p. 370). On aura peut-être attribué à la *Bibliothèque française* cette phrase du *Moréri* : « Nous savons qu'un homme de mérite conserve de lui en original une vie du Corrége. » C'est à cette source sans doute que d'Alembert a puisé, quand il dit : « On assure qu'il a laissé une vie inédite du Corrége. « Il ne pouvait choisir pour sujet de ses éloges un peintre dont les talents « fussent plus analogues aux siens, car il était, qu'on me pardonne cette « expression, le Corrége des orateurs. » Dans l'*Intermédiaire des chercheurs et curieux* du 10 octobre 1869 (colonne 567), on a vainement demandé des nouvelles du manuscrit de Massillon.